BEI GRIN MACHT SICH IHR
WISSEN BEZAHLT

Willem Fromm

Konrad Adenauer und die Rheinische Republik

GRIN Verlag

Bibliografische Information der Deutschen Nationalbibliothek:

Die Deutsche Bibliothek verzeichnet diese Publikation in der Deutschen National-
bibliografie; detaillierte bibliografische Daten sind im Internet über http://dnb.d-
nb.de/ abrufbar.

Impressum:

Copyright © 2008 GRIN Verlag GmbH
Druck und Bindung: Books on Demand GmbH, Norderstedt Germany
ISBN: 978-3-656-03382-0

Hansa-Gymnasium Köln

Konrad Adenauer und die Rheinische Republik

Facharbeit im Leistungskurs Geschichte
von
Willem Fromm

Schuljahr 2008/2009

Inhaltsverzeichnis:

1. Einleitung

Nachdem ich mich schon Anfang des Schuljahres 2008/09 entschlossen hatte, in Geschichte meine Facharbeit zu schreiben, wusste ich sofort, in welchem Themenbereich ich mich bewegen wollte. Meine Neugier galt nämlich schon seit längerem dem Handeln von Personen, die später das Amt des Bundeskanzlers bekleiden würden. Nach einer ersten Absprache mit Frau Merz entschied ich mich, für meine Facharbeit die Person eines Bundeskanzler zu untersuchen, und hierbei insbesondere wie er in einer bestimmten politischen Situation oder bei einem bestimmten historischen Ereignis gehandelt hatte. Meine Favoriten waren dabei der spätere erste Bundeskanzler Konrad Adenauer während der Novemberrevolution 1918/19 oder Helmut Schmidt während der Debatte über die Stationierung von US-amerikanischen Nuklearraketen in Westdeutschland. Ich hatte aber durch die Debatten um Christian Klars Freilassung auch großes Interesse an Kanzler Schmidts Haltung gegenüber der RAF. Als Fallbeispiel, das ich untersuchen wollte, kam mir der Deutsche Herbst 1977 in den Sinn. Jedoch kamen durch den von Stefan Aust verfilmten Roman „Der Baader Meinhof Komplex" viele Diskussionen um den Deutschen Herbst auf und der neunzigste Geburtstag von Helmut Schmidt im Dezember 2008 tat dann das Übrige, dass ich das Interesse an diesem Thema fast verlor, nicht weil es nun weniger interessant wäre, sondern weil ich der Meinung war, dass dadurch, dass das Thema in den letzten Wochen so präsent war, ich mir nicht mehr sicher war, ob ich an diesem Thema mit voller Leidenschaft und Herzblut arbeiten könnte. Somit entschied ich mich für Konrad Adenauer und die Novemberrevolution. Besonders da Köln von Adenauer wie kaum von einem anderen Bürgermeister geprägt worden ist, hoffte ich, durch die geographische Nähe zu meinem Themas gute Informationen hierfür zu finden. Nach einigen Recherchen fiel mir jedoch auf, dass es zwar vielfältige Informationen über Köln in der Novemberrevolution gab, aber nicht soviele über den damaligen Oberbürgermeister Adenauer und sein Verhalten gegenüber Soldatenräten, Kommunisten und möglichen rechts gesinnten Freikorps. Jedoch stieß ich bei meinen Nachforschungen auf weitere interessante Fakten, die die Person Adenauer betrafen. Dies waren die Diskussionen um die Bildung einer Rheinischen Republik nach dem Ersten Weltkrieg. Da mir dieses Thema völlig fremd war, war ich überzeugt, dass meine

Facharbeit den Schwerpunkt haben würde „Konrad Adenauer und die Rheinische Republik", um dieses fehlende Wissen deutscher bzw. rheinischer Geschichte aufzufüllen und um somit objektiv arbeiten zu können.

Nach einer kurzen Einleitung über vorangegangene historische Ereignisse, die meiner Meinung nach zur Diskussion über die Schaffung einer Rheinischen Republik führten, werde ich anhand von Reden aus der Zeit von 1917-1919 und den Beurteilungen von Historikern untersuchen, warum unter welchen Vorgaben Adenauer die Bildung einer Rheinischen Republik befürwortete. Des weiteren werde ich darlegen, warum Adenauer tatsächlich aber letztlich die Schaffung dieses deutschen Teilstaates ablehnte.

Dabei werde ich versuchen, immer die überlieferten Ansichten Adenauers in meine Untersuchung einzubeziehen

Am Ende meiner Facharbeit werde ich meine eigene Beurteilung über Adenauers Ansichten zur Rheinischen Republik abgeben und mein Werk bewerten.

2. Der Weg zur Schaffung einer Rheinischen Republik

Um die Motive und die Beweggründe zu verstehen, die zum Plan der Schaffung einer Rheinischen Republik führten, gebe ich vorab einen historischer Abriss der wichtigsten historischen Ereignisse im Rheinland vor 1919. Nachdem Napoléon 1815 von seinen Feinden besiegt und verbannt wurde, fiel das katholische Rheinland auf Beschluss des Wiener Kongresses dem überwiegend protestantischen Königreich von Preußen zu. Der darauf folgende Kulturkampf und die Militarisierung des Rheinlands durch die preußische Hegemonie, die letztendlich in den Ersten Weltkrieg mündete, weckten die Bestrebungen verschiedener Interessengemeinschaften, das Rheinland wieder von Preußen zu lösen. Auch wenn viele politische Parteien in Frankreich die Besetzung des Rheinlandes befürworteten, um den Rhein als strategische Grenze gegenüber dem „Erbfeind Deutschland" zu nutzen, spielte eine eher gemäßigte Ansicht mit dem Gedanken, das Rheinland zu einem autonomen französisch beeinflussten Pufferstaat zwischen dem Deutschen Reich und Frankreich zu machen. Historische Vorbilder gab es schon einige wie das Mittelreich zwischen Westfranken (Frankreich) und dem Ostreich (Deutschland) im 9. Jahrhundert oder auch Napoléons Rheinbund von 1806-1813; somit war diese Idee nicht neu. Besonders die Frage, was aus dem Staat Preußen werden sollte, der vor dem Versailler Vertrag 64,5% des gesamtdeutschen Reichsgebietes umfasste und 61,9% der Einwohner besaß, blieb hierbei ungeklärt. Argumente, die dafür sprachen, Preußen nach der Niederlage von 1918 als so großen Staat innerhalb Deutschlands bestehen zu lassen, waren bedingt durch die Befürchtung, dass das von Preußen losgelöste Rheinland sofort den Franzosen in die Hände fallen könnte.[1] Die Zerlegung Preußens fand jedoch nicht nur Widerspruch. Besonders diejenigen, die vom demokratischen Nationalstaat nach dem Modell von 1848/49 träumten, waren überzeugt, dass ein großer preußischer Staat sehr hinderlich sein würde, sollte Deutschland den Weg eines demokratischen Nationalstaats gehen wollen.[2]Infolgedessen pochte die Kölnische Volkszeitung, welches die einflussreichste katholische Zeitung im Rheinland zum Ende des Ersten Weltkriegs

1 Erdmann, Karl Dietrich , Adenauer in der Rheinpolitik nach dem Ersten Weltkrieg, Historische Komission bei der Bayerischen Akademie der Wissenschaften, Ernst Klett Verlag, Stuttgart 1966, vgl. Seite 21
2 a. a. O. S. 22

war, wie keine andere Zeitung auf eine Abtrennung des Rheinlands von Preußens. Sie
stimmte zwar nicht direkt für eine demokratische Regierungsform, forderte aber
immerhin eine ihrer Meinung nach politische Neuorientierung Deutschlands, in der der
neu geschaffene rheinische Staat die größte Dominanz haben sollte, mit dem Ziel, den
politischen Schwerpunkt des „neuen" Deutschlands nach Westen zu legen, weg von den
Sozialisten, Kommunisten und Ultralinken aus Berlin, die nach der Meinung der
Kölnischen Volkszeitung die gemäßigte Reichsregierung Eberts stürzen könnten.[3]
Gleich am ersten Tag der Revolution, nämlich am 9. November 1918, suchten einige
Zentrumsmitglieder den Kölner Oberbürgermeister Konrad Adenauer auf, um ihn für
die Idee einer Rheinischen Republik zu gewinnen. Adenauer zögerte zurerst, um sich
eine eigene Meinung zu bilden. Als dann am 4. Dezember 1918 auf einer
Zentrumsversammlung im Kölner Bürgerhaus die Rheinische Republik ausgerufen
wurde, blieb er immer noch skeptisch, schloss aber die Schaffung einer Rheinischen
Republik als Option gegen Frankreich ein.[4] Daraufhin lud er am 1. Februar 1919 alle
Oberbürgermeister des linksrheinisch besetzten Rheinlandes in das Kölner Rathaus ein.

3. Adenauers Standpunkt zur Rheinlandfrage

3.1 Adenauers Aufruf zur Schaffung einer Westdeutschen Republik

Konrad Adenauer, Mitglied der katholischen Zentrumspartei, wird in Köln 1917 als
jüngster und bestbezahlter Oberbürgermeister einer deutschen Großstadt gewählt.[2] Als
1918 der Erste Weltkrieg mit der Novemberrevolution endet, befürchtet er die
Okkupation des Rheinlandes durch Frankreich. Daher lädt er daher alle
Oberbürgermeister des besetzten Rheinlandes zu einem Gipfeltreffen nach Köln ein.
In seiner Rede an die Versammelten ruft Adenauer auf, eine Westdeutsche Republik zu
gründen, um die Beherrschung Deutschlands durch „die vom Geiste des Ostens, durch

---

3 Köhler, Henning, Adenauer und die Rheinische Republik Der erste Anlauf, Westdeutscher Verlag
  1986, Opladen, vgl. Seite 22
4 Schulz, Günter (HG.), Konrad Adenauer Dokumente aus den Kölner Jahren 1917-1933, 1. Auflage,
  SH Verlag Köln 2007, Band 15, Seite 193

2 Weiß, Hermann, Personen Lexikon 1933-1945, 1. Auflage, S. Fischer Velag GmbH, Frankfurt am
  Main, 2003, vgl. S. 17

ein vom Militarismus beherrschtes Preußen unmöglich" zu machen.[3] Dabei wollte er, wie von einigen anderen Zentrumsabgeordneten gewünscht, als Vermittler zwischen Zentrum, Sozialdemokraten und Liberalen dienen, denn nach Adenauers Auffassung könne die Bildung eines Westdeutschen Staates bzw. einer Rheinischen Republik nur erfolgreich sein, wenn diese Idee auch von allen Parteien und vor allem vom Volk selbst mitgetragen wird. Sofort stellt er in seiner Ansprache klar, dass er mit der Bildung dieser Republik nicht als Separatist dastehen will, und sich insbesondere nicht vom Deutschen Reich loslösen will. Um die Dominanz einer bestimmten Konfession oder Partei im neuen Staatenbund auszuschließen, schlägt der Kölner Oberbürgermeister vor, auch überwiegend protestantische Gebiete aufzunehmen, dies mit der Begründung, dass sie zuerst Deutsche seien und nun zusammenhalten müssten, so dass es für die jetzige Lage ungünstig wäre, sich über Konfessionen oder Parteiansichten zu streiten.[4] Somit geht er über die frühere Forderung hinaus, nur eine Rheinische Republik zu gründen, die sich auf die preußisch-rheinischen Gebiete beschränkt und nennt diesen geplanten Staat den er schaffen will „Westdeutsche Republik".

Die Stellung Frankreichs bei die Bildung einer Rheinischen Republik hebt er besonders hervor und beschreibt auch dessen Status als Erbfeind Deutschlands. Seiner Meinung nach bestehe in Frankreich eine große Aggression gegenüber dem Deutschen Reich, weil Frankreich in den meisten Kriegen gegenüber Deutschland, mit Ausnahme des letzten Krieges, „immer den Kürzeren gezogen hätte", sich wirtschaftlich eher zurück entwickelt hätte und die Bevölkerung nicht so rapide gewachsen sei wie im Deutschen Reich.[5]

Weiterhin führt Adenauer aus, dass Frankreich zwar wisse, dass Deutschland nach dem Ersten Weltkrieg besiegt und weitestgehend wirtschaftlich am Boden zerstört sei. Doch es sei absehbar, dass das Deutsche Reich mit seinen 65 Millionen Einwohnern gegenüber Frankreichs 35 Millionen sich aus dieser Misere wieder erholen und vermutlich Rache nehmen würde, sowie es Frankreich gerade im Ersten Weltkrieg getan habe als Antwort auf die Niederlage im Krieg von 1870/71. Somit würde Frankreich große Forderungen in den gerade laufenden Friedensverhandlungen stellen. Dies solle

---

3   http://www.preussen-chronik.de/_/ereignis_jsp/key=chronologie_009900.html 24.01.2009
4   Schulz, Günter (HG.), Konrad Adenauer Dokumente aus den Kölner Jahren 1917-1933, 1. Auflage, SH Verlag Köln 2007, Band 15, vgl. S. 203f
5   a. a. O. vgl. S. 205

-8-

sicherstellen, dass von deutschem Boden aus keine ernst zu nehmende Bedrohung mehr für Frankreich entstehen könne. Adenauer weist darauf hin, dass das Deutsche Reich in der jetzigen Lage zu schwach sei, sich auch nur einer einzelnen Forderung Frankreichs oder der Entente zu widersetzen.

Die Hoffnung vieler Deutscher, dass Amerika bei den Friedensverhandlungen Milde gegenüber dem Deutschen Reich walten lassen würde, so Adenauer, sei unrealistisch, weil durch die starke Propaganda in Amerika während des Krieges jegliche Sympathie gegenüber Deutschland verloren gegangen sei und die Vereinigten Staaten nur in deutschem Interesse handeln würden, wenn dies auch den US-amerikanischen Interessen dienen würde.[6]

England jedoch könnte seiner Meinung nach an der Bildung einer unabhängigen Rheinischen Republik interessiert sein, denn durch die französische Rückeroberung des industriell starken Elsass-Lothringen und zusätzlich einer möglichen Annektion des Rheinlandes würde Frankreich ein bedeutender und auch unangenehmer Konkurrent für England werden, sowohl wirtschaftlich als auch militärisch. Deutschland wäre dann für England auf lange Zeit gesehen kein großer Konkurrent mehr dank mangelnder Wirtschaftskraft, dem Verlust der Hochseeflotte und dem Verlust aller deutschen Kolonien. Adenauer sieht es als traditionelle britische Politik an, dass sich England aufgrund dieser absehbaren Tatbestände auf die Seite der schwächeren Macht in Europa, also auf die Seite Deutschlands, stellen würde. England würde somit sich mit den Franzosen verständigen und ihnen Garantien einräumen, die die Westdeutsche Republik zu erfüllen hätte, wie zum Beispiel dem Militarismus abzuschwören. Dadurch, dass auch die Hohenzollern durch eine Teilung Preußens endgültig entmachtet wären und somit der militaristische Geist aus dem Rheinland gefegt sei, würde Frankreich dann auch der Schaffung einer Westdeutschen Republik nicht abgeneigt sein. Denn wenn England an das Selbstbestimmungsrecht der Völker appellieren würde, könnten die Franzosen dies nicht verwehren, weil sie selber auch diesem Prinzip höchste Beachtung schenkten. Die USA würden dann auch mitziehen, da Amerika sich als Frontmacht für die Freiheit versteht.[7]

Andere europäische Staaten würden seiner Ansicht nach keinen großen Einfluss auf die

6 Schulz, Günter (HG.), Konrad Adenauer Dokumente aus den Kölner Jahren 1917-1933, 1. Auflage, SH Verlag Köln 2007, Band 15, vgl. S. 207
7 Schulz, Günter (HG.), Konrad Adenauer Dokumente aus den Kölner Jahren 1917-1933, 1. Auflage, SH Verlag Köln 2007, Band 15, vgl. S. 211f

Bildung einer Rheinischen Republik haben.[8] Adenauer ist im Zuge der bisher geschehenen Ereignisse fest überzeugt, dass die Struktur der Bundesstaaten in Deutschland sich radikal ändern würde. Die meisten Bundesstaaten wären nicht nach der Wirtschaftlichkeit oder dem kulturellen Erbe 1871 gebildet worden, sondern meistens nach dem Willen der Monarchen und ihren Dynastien. Als Beispiel nennt Adenauer hier den Staat Preußen und meint, dass das Rheinland sich kulturell und historisch völlig von z.b. Ostpreußen unterscheide, genauso wenig wie Ostpreußen und Bayern sich gleich sein.[9] Die versammelten Oberbürgermeister weist er darauf hin, dass der zu schaffende Westdeutsche Staat sich nicht auf die preußisch-rheinischen Provinzen beschränken sollte, sondern wie schon vorher gefordert, weitere Gebiete umfassen sollte. Welche das sein sollen nennt er jedoch nicht. Als weiteren Grund für die Einbeziehung weiterer Gebiete, abgesehen von der Überkonfessionaliät, nennt Adenauer die Gefahr der Überfremdung durch die französische Kultur. Er nennt als Beispiel hierfür den von der französischen Besatzungsmacht erzwungenen Französisch-Unterricht an hessischen Schulen und befürchtet, dass dies bald im gesamten französischen Sektor geschehen würde.[10] Adenauer mahnt zur Eile, diesen Westdeutschen Staat zu schaffen, weil genau zu dem Zeitpunkt seiner Rede die Entente den Friedensvertrag in Versailles ohne Deutschland aushandelt. Und sollte hierbei die Zukunft des Rheinlandes und Westdeutschlands von den Siegermächten beschlossen werden und zu einer möglichen Annektion führen, wäre das Rheinland auf immer für Deutschland verloren. „Entweder wir kommen direkt oder als Pufferstaat an Frankreich, oder wir werden eine Westdeutsche Republik; ein Drittes gibt es nicht." Um auch sicher auf das Selbstbestimmungsrecht der Völker sich berufen zu können, sieht es Adenauer als wichtig an, das westdeutsche Volk für diese Initiative zu gewinnen. Die preußische Nationalversammlung, die eigentlich die Schaffung einer Westdeutschen Republik vorantreiben könnte, ist zu diesem Zeitpunkt nicht handlungsfähig und mit anderen Aufgaben beschäftigt wie z.B. der Schaffung einer Regierung und einer Nationalverfassung.[11] Adenauer appelliert an die Liebe zum Deutschen Vaterland und fordert alle parteipolitischen Interessen zurück zu stellen, um das Rheinland zu retten.

---

8 a. a. O. vgl S. 209

9 a. a. O. vgl. S.209f

10 a. a. O. vgl. S. 212

11 Schulz, Günter (HG.), Konrad Adenauer Dokumente aus den Kölner Jahren 1917-1933, 1. Auflage, SH Verlag Köln 2007, Band 15, vgl. S. 215

Die Schaffung der Westdeutschen Republik solle auf dem gesetzmäßigen Weg entstehen und alle Versammelten sollen einer Erklärung zustimmen, die wie folgt anfängt: „Wir Unterzeichneten Vertreter des rheinisches Volkes im besetzten preußischen Gebiet erheben lauten und feierlichen Einspruch gegen die zutage tretenden[…] auf Loslösung des linken Rheinufers oder einzelner seiner Teile von Deutschland. Wir stützen uns auf das in der ganzen Welt anerkannte Selbstbestimmungsrecht der Völker und verlangen, mit unseren Stammesgenossen im deutschen Reich vereint zu bleiben." Diese Erklärung habe ein Komitee, welches aus den verschiedenen politischen Parteien zusammengesetzt ist, verfasst. Ziel dieses Komitees sei es nicht nur diese Erklärung zu verfassen, sondern auch den unzähligen rheinischen Separatistenbewegungen den Wind aus den Segeln zu nehmen. Diese könnten seiner Meinung nach für die Schaffung einer Westdeutschen Republik gefährlich sein, durch ihre Zersplitterung und möglichen Meinungsunterschiede.[12] Dieses Komitee würde dann auch mit der neuen deutschen Regierung über die Schaffung einer Westdeutschen Republik verhandeln. Das Komitee solle jeweils aus 3 Vertretern des Zentrums, 2 Vertretern der SPD und je einem Vertreter der deutschen Volkspartei und demokratischen Volkspartei bestehen.[13] Adenauer fordert nun alle Abgeordneten auf, sich in ihre Fraktionsräume, die extra bereitgestellt wurden, zurück zu ziehen, um über Adenauers Vorschlag zu beratschlagen.[14]

3.2 Adenauers Distanzierung von der Rheinlandbewegung:

So vehement sich auch Adenauer am 1. Februar 1919 in eine Führungsposition begab, was die Schaffung eines Westdeutschen Staates anging, so war dies auch das letzte Mal, dass man Adenauer an der Spitze der Rheinlandbewegung gesehen hat. Die verschiedenen Fraktionen berieten nach seiner Rede ausgiebig in den ihnen im Kölner Rathaus bereitgestellten Räumen und stimmten letztendlich alle einstimmig zu, einen „Westdeutschen Politischen Ausschluss" zu bilden. Dies war dennoch wohl die kleinstmögliche Lösung, die die Versammelten an diesem Tag erreichen konnten.[1] Keine praktische Aktion, geschweige denn eine Proklamation, war erfolgt, auch wenn dies

---

12 a. a. O. vgl. S.216
13 a. a. O. vgl. S.217
14 a.a. O. vgl. S.217f
1 Köhler, Henning, Adenauer und die Rheinische Republik Der erste Anlauf, Westdeutscher Verlag 1986, Opladen, vgl. Seite 54f

Gerüchte in Köln in diesen Tagen verbreitet hatten. Auch war an diesem Tag kein großer „welthisorischer Scheideweg" für das Rheinland beschlossen worden, wie es die Kölnische Volkszeitung in ihrer Ausgabe am 1. Februar prophezeit hatte. Alles worauf man sich einigen konnte, war lediglich ein Ausschuss.[2] Vor allem die Einigkeit, mit der die im Rathaus anwesenden Parteien der Schaffung einer Westdeutschen Republik zugestimmt hatten, zerbröckelte fast vollständig nach der Versammlung, zu der Adenauer am 1. Februar eingeladen hatte. Vor allem die liberale Deutsche Demokratische Partei und auch die Sozialdemokraten sahen in Adenauers Plan zur Schaffung einer Westdeutschen Republik nur einen Vorwand, Landesverrat an Deutschland zu begehen und das Rheinland vom Deutschen Reich zu separieren.[3] Auch Louis Hagen, der Präsident der Industrie- und Handelskammer von Köln, vermochte es nicht, die restlichen linksrheinischen Vertreter der IHK zur Schaffung einer Rheinischen Republik geschweige denn eines Westdeutschen Staates zu bewegen.[4] Vor allem schien Adenauers Forderung, weitere Gebiete außerhalb des katholischen Rheinlandes in die Rheinische Republik aufzunehmen, um hiermit einen Westdeutschen Staat zu gründen, auch sofort unerfüllbar, denn das Ruhrgebiet und dessen Kommunen wollten sich einfach nicht auf diesen Plan einlassen. Bei einem Treffen Adenauers am 7. Februar 1919 mit den dortigen Vertretern der Industrie- und Handelskammern, aller politischen Parteien und der Stadtverwaltungen wurde von diesen als Begründung zur Absage einer Westdeutsche Republik angegeben: „Nach der bereits veröffentlichten provisorischen Reichsverfassung ist Veränderung in dem Bestande deutscher Freistaaten nur mit Zustimmung der Nationalsversammlung zulässig. Loslösungsbestrebungen unter Beiseiteschieben der Nationalversammlung sind reichs- und volksfeindlich und entschieden zu bekämpfen."[5] Mit der Ablehnung des Ruhrgebiets, an der Schaffung eines Westdeutschen Staates aktiv mit zu wirken, wuchs die Gefahr, dass andere Rheinstaatsbewegungen zu unüberdachten Aktionen schreiten könnten. Genau dies versuchte Adenauer durch seine Initiative am 1. Februar 1919 zu verhindern. Daher scheitert auch die am 11. Februar initiierte Tagung der Zentrumspartei mit den kommunalen Vertretern aus dem Rheinland und Westfalen, eine Verfassung für die

---

2 a.a.O. S.55
3 Erdmann, Karl Dietrich , Adenauer in der Rheinpolitik nach dem Ersten Weltkrieg, Historische Kommission bei der Bayerischen Akademie der Wissenschaften, Ernst Klett Verlag, Stuttgart 1966, vgl. Seite 49
4 a.a.O. Vgl. S. 50
5 a.a.O. S.50

Westdeutsche Republik zu entwerfen, weil die Nationalversammlung die provisorische Reichsverfassung zu diesem Zeitpunkt bereits verabschiedet hatte. Diese Verfassung besagte, dass eine Loslösung des Rheinlands nur mit Zustimmung Preußens geschehen könne und nicht auf Eigeninitiative der Kommunen des Rheinlandes.[6] Der am 1. Februar geschaffene Ausschuss machte auch keine großen Fortschritte, denn Adenauer als Initialfigur hielt sich diesem fern. Adenauer hatte nämlich in seiner Rede betont, dass er den legalen Weg gehen wolle, doch mit der Verabschiedung der provisorischen Reichsverfassung war er von nun an abgeneigt, weiterhin den Interessen der Rheinlandbewegung zu folgen, wäre doch eine Proklamation der Westdeutschen Republik zu diesem Zeitpunkt Ausdruck des Seperatismus gewesen gegenüber den Richtlinien, die die provisorische Reichsverfassung gesetzt hatte.[7] Seine Distanzierung lässt auch andere Vermutungen zu. Erstens war die Idee einer Westdeutsche Republik nicht seinem Geiste entsprungen, sondern er hatte sich mit verschiedenen Vertretern der Rheinlandbewegung verständigt und sich daraus eine eigene Argumentation abgeleitet. Zweitens schien Adenauer wohl zu erkennen, dass der sichere Weg für ein Gegengewicht zur befürchteten französischen Hegemonie des Rheinlandes nicht in einem Teilstaat sondern in einem starken deutschen Gesamtreich liege. Ausschlaggebend dürfte hierbei die zeitgleiche Konsolidierung der Reichsverfassung gewesen sein.[8]

---

6 Erdmann, Karl Dietrich , Adenauer in der Rheinpolitik nach dem Ersten Weltkrieg, Historische Kommission bei der Bayerischen Akademie der Wissenschaften, Ernst Klett Verlag, Stuttgart 1966, vgl. S. 51
7 Köhler, Henning, Adenauer und die Rheinische Republik Der erste Anlauf, Westdeutscher Verlag 1986, Opladen, vgl. S. 69
8 Erdmann, Karl Dietrich , Adenauer in der Rheinpolitik nach dem Ersten Weltkrieg, Historische Kommission bei der Bayerischen Akademie der Wissenschaften, Ernst Klett Verlag, Stuttgart 1966, vgl. S. 70

4. Schlusswort

4.1 Fazit

Meiner Meinung nach hat Adenauer in der Nachkriegszeit des Ersten Weltkriegs naiv oder besser gesagt unerfahren mit der Vision einer Westdeutschen Republik gehandelt. Als Oberbürgermeister der größten Stadt im Rheinland wollte er wohl als große starke Leitfigur des Rheinlands dastehen, in Zeiten als die Zukunft des Deutschen Reiches ungewiss und die alte innere Ordnung weitgehend zusammen gebrochen war. Seine Unerfahrenheit brachte ihn in die Situation, dass er es als Kommunalpolitiker wagte, sich in gesamtstaatliche oder sogar internationaler Politik einzumischen, die eigentlich nur in den Verantwortungsbereich der provisorischen Reichsregierung fielen. Auch hat er wohl nicht ganz seine Argumentation durchdacht, als er am 1. Februar 1919 seine Rede im Kölner Rathaus hielt, wo er zur Gründung der Rheinischen Republik aufrief. Wie sollte denn der neue Westdeutsche Staat einen Wandel in der deutschen Politik herbeiführen? Preußen wäre dann geteilt worden in einen Westdeutschen Staat und das restliche Preußen. Die Westdeutsche Republik wäre dann zwar nach Adenauers Argumentation friedfertig, doch Kernpreußen wäre immer noch vorhanden mit seiner militaristischen und aggressiven Grundauslegung. Somit wäre dann die Westdeutsche Republik eher als Puffer zwischen den beiden Erbfeinden Frankreich und dem restlichen deutsch-preußischen Reich geworden. Somit wäre meiner Meinung nach die Westdeutsche Republik nicht sehr fördernd gewesen einen Ausgleich zwischen diesen beiden Mächten zu schaffen. Auch die Durchführung wie der Westdeutsche Staat gegründet werden sollte war zum Teil widersprüchlich. Adenauer sprach sich für eine legale von der Nationalversammlung verabschiedete Erklärung aus, die die Westdeutsche Republik begründen sollte. Gleichzeitig forderte er aber auch für eine Initiative, die vom Volk ergriffen werden sollte, um einen Westdeutschen Staat zu gründen mit Verweis auf das Selbstbestimmungsrecht der Völker. Auch pochte er auf eine schnelle Aktion bevor die provisorische Regierung Schritte einleiten würde zum Nachteil des Rheinlandes. Somit wollte er eine Westdeutsche Republik, die von der Volksvertretung verabschiedet wird, aber gleichzeitig vom Volk aus getragen wurde und dann sollte doch alles irgendwie ohne die Regierung von statten gehen? Widersprüchlicher geht es wohl kaum. Verständlich für mich ist sein Tatendrang, eine Westdeutsche Republik zu gründen, denn die Gefahr war wohl groß, nach der

Niederlage im Ersten Weltkrieg nicht mehr „deutsch sein" zu können und dem „Erbfeind" Frankreich ausgeliefert zu sein. Denn aufgrund früher erlittener Schmach von deutscher Seite nach dem verlorenen Krieg von 1870/71 musste Frankreich hohe Reparationen zahlen und Elsaß-Lothringen abtreten. Hieraus erwuchs wohl ein großer Rachegedanke gegenüber Deutschland, den Frankreich bestimmt realisieren würde.

Adenauer versuchte wohl in seiner Rede im Kölner Rathaus eine Mitte zu finden zwischen radikal denkenden rheinischen Seperatisten und den Menschen, die eine Rheinische Republik nur aus Angst vor einer französischen Annektion als notwendig ansahen. Auch ist es ihm nicht gelungen als der vorgeschlagene Vermittler zwischen den Parteien zu agieren. Liberale und Sozialdemokraten lehnten kategorisch die Schaffung eines solchen Staates ab, während das Zentrum sich stark dafür einsetzte.

4.2 Eigene Bewertung der Facharbeit

Beim Erstellen meiner Facharbeit habe ich viele neue Eindrücke gewonnen. Es hat Spaß gemacht, sich in die Zeit nach 1918 in Köln zurück zu versetzen, um die damalige politische und soziale Situation und die Hintergründe meines Thema zu verstehen. Dennoch hat mich dieses Thema auch oft fast in die Knie gezwungen. Die Fachliteratur, die ich zur Verfügung hatte, war sehr umfangreich. Doch für eine Facharbeit sprengte diese Flut an Informationen jeglichen Rahmen. Meine größte Schwierigkeit während meiner Facharbeit war somit nicht nur das Thema zu verstehen, sondern auch die große Fülle der Informationen sinnvoll zu kürzen. Ich habe zum Beispiel darauf verzichtet, die unzähligen verschiedenen Hintermänner der Rheinlandbewegung zu nennen. Auch habe ich mich mit meinem Thema „Adenauer und die Rheinische Republik" nur den kurzen Zeitraum von 1918-1919 beleuchtet. Die Frage der Rheinischen Republik oder genauer gesagt Westdeutschen Republik ging nämlich in die nächste Runde als die Franzosen 1923 das Ruhrgebiet besetzten. Auch würde ich den Titel meiner Facharbeit nachträglich in „Adenauer und die Westdeutsche Republik" ändern, da Adenauer eben nicht nur eine rheinische sondern eine Westdeutsche Republik eingefordert hatte.

Literaturverzeichnis

Erdmann, Karl Dietrich , Adenauer in der Rheinpolitik nach dem Ersten Weltkrieg,
Historische Komission bei der Bayerischen Akademie der Wissenschaften, Ernst
Klett Verlag, Stuttgart 1966

Köhler, Henning, Adenauer und die Rheinische Republik Der erste Anlauf,
Westdeutscher Verlag, Opladen 1986

Schulz, Günter (HG.), Konrad Adenauer Dokumente aus den Kölner Jahren 1917-1933,
1. Auflage, SH Verlag Köln 2007, Band 15

http://www.preussen-chronik.de/_/ereignis_jsp/key=chronologie_009900.html
24.01.2009

Weiß, Hermann, Personen Lexikon 1933-1945, 1. Auflage, S. Fischer Verlag GmbH,
Frankfurt am Main, 2003